# Das Magische Zauberbuch

## für Harry Potter Fans

Herstellung und Verlag:

BoD - Books on Demand, Norderstedt

ISBN: 978-3-7412-3693-8

1.Auflage

Copyright ©2016 Daniel Boger

Alle Rechte, insbesondere das Recht der Vervielfältigung und Verbreitung sowie der Übersetzung, vorbehalten. Kein Teil des Werkes darf in irgendeiner Form (durch Fotokopie, Mikrofilm oder ein anderes Verfahren) ohne schriftliche Genehmigung des Autors reproduziert oder unter Verwendung elektronischer Systeme gespeichert, verarbeitet, vervielfältigt oder verbreitet werden.

Zwischen dem Autor dieses Buches und der Autorin von Harry Potter oder einer der Verlage, Mitarbeiter, Unternehmen etc. besteht keinerlei Verbindung. Dieses Buch ist durch die Autorin von Harry Potter weder genehmigt, noch unterstützt und auch nicht mit diesen Parteien irgendwie Verbunden.

MIX
Papier aus verantwortungsvollen Quellen
Paper from responsible sources
FSC® C105338

# Inhalt – I

| | | |
|---|---|---|
| ACCIO | SEITE | 5 |
| AGUAMENTI | SEITE | 6 |
| ALOHOMORA | SEITE | 7 |
| AMNESIA | SEITE | 8 |
| ANAPNEO | SEITE | 9 |
| APARECIUM | SEITE | 10 |
| AVADA KEDAVRA | SEITE | 11 |
| AVIS | SEITE | 14 |
| CAVE INIMICUM | SEITE | 15 |
| COLLOPORTUS | SEITE | 16 |
| CRUCIO | SEITE | 17 |
| DEFODIO | SEITE | 19 |
| DELETRIUS | SEITE | 20 |
| DENSAUGEO | SEITE | 21 |
| DEPRIMO | SEITE | 22 |
| DESCENDO | SEITE | 23 |
| DIFFINDO | SEITE | 24 |
| DISSENDIUM | SEITE | 25 |
| DURO | SEITE | 26 |
| ENERVATE | SEITE | 27 |
| ENGORGIO | SEITE | 28 |
| EPISKEY | SEITE | 29 |
| ERECTO | SEITE | 30 |
| EVANESCO | SEITE | 31 |
| EXPECTO PATRONUM | SEITE | 32 |
| EXPELLIARMUS | SEITE | 34 |
| EXPULSO | SEITE | 35 |
| FERULA | SEITE | 36 |
| FINITE | SEITE | 37 |

# Inhalt – II

| | |
|---|---|
| FINITE INCATATEM | SEITE 38 |
| FLAGRATE | SEITE 39 |
| FURNUNCULUS | SEITE 40 |
| GISSEO | SEITE 41 |
| HOMENUM REVELIO | SEITE 42 |
| IMPEDIMENTA | SEITE 43 |
| IMPERIO | SEITE 44 |
| IMPERVIUS | SEITE 46 |
| INCARCERUS | SEITE 47 |
| INCENDIO | SEITE 48 |
| LANGLOCK | SEITE 49 |
| LEGILIMENS | SEITE 50 |
| LEVICORPUS | SEITE 51 |
| LIBERACORPUS | SEITE 52 |
| LOCOMOTOR | SEITE 53 |
| LOCOMOTOR MORTIS | SEITE 54 |
| LUMOS | SEITE 55 |
| METEOLOHEX RECANTO | SEITE 56 |
| MOBILCORPUS | SEITE 57 |
| MIBILIARBUS | SEITE 58 |
| MORSMORDRE | SEITE 59 |
| MUFFLIATO | SEITE 60 |
| NOX | SEITE 61 |
| OBLIVIATE | SEITE 62 |
| OBSCURO | SEITE 64 |
| OPPUGNO | SEITE 65 |
| ORCHIDEUS | SEITE 66 |
| PESKIWICHTELI PESTERNOMI | SEITE 67 |
| PETRIFICUS TOTALUS | SEITE 68 |

# Inhalt – III

| | | |
|---|---|---|
| PIERTOTUM LOCOMOTOR | SEITE | 69 |
| PORTUS | SEITE | 70 |
| PRIOR INCANTADO | SEITE | 71 |
| PROTEGO | SEITE | 72 |
| PROTEGO HORRIBILIS | SEITE | 73 |
| PROTEGO TOTALUM | SEITE | 74 |
| QUIETUS | SEITE | 75 |
| RATZEPUTZ | SEITE | 76 |
| REDUCIO | SEITE | 77 |
| REDUCTIO | SEITE | 78 |
| REDUCTO | SEITE | 79 |
| RELASCHIO | SEITE | 80 |
| RENERVATE | SEITE | 81 |
| REPARO | SEITE | 82 |
| REPELLO MUGGELTUM | SEITE | 83 |
| RICTUSEMPRA | SEITE | 84 |
| RIDDIKULUS | SEITE | 85 |
| SALVIO HEXIA | SEITE | 86 |
| SECTUMSEMPRA | SEITE | 87 |
| SERPENSORTIA | SEITE | 88 |
| SILENCIO | SEITE | 89 |
| SONORUS | SEITE | 90 |
| SPECIALIS REVELIO | SEITE | 91 |
| STUPOR | SEITE | 92 |
| TARNTALLEGRA | SEITE | 93 |
| TERGEO | SEITE | 94 |
| WADDIWASI | SEITE | 95 |
| WINGARDIUM LEVIOSA | SEITE | 96 |
| QUELLENNACHWEIS | SEITE | 97 |

# Accio

Lat.: accire - herbeirufen; accio - ich rufe herbei, lasse kommen

Mit „Accio" kann der Zauberer Gegenstände zu sich rufen.

Zum ersten Mal taucht dieser Zauberspruch während der Quidditch-Weltmeisterschaft im vierten Band auf, als Fred und George versuchen, Würgzungentoffees von zuhause mitzunehmen. Mrs. Weasley leert daraufhin mit „Accio" ihre Taschen.

Während der ersten Aufgabe des Trimagischen Turniers ruft Harry Potter mit dem Zauberspruch seinen Feuerblitz, um einen Vorteil gegenüber dem Drachen zu haben. Allerdings hatte er den Spruch erst am Tag davor zum ersten Mal verwendet, weswegen er nicht problemlos und auf Anhieb gelang.

# Aguamenti

Lat.: menti - des Verstandes, des Geistes, des Gedankens

Mit „Aguamenti" beschwört ein Zauberer Wasser herauf.

Man lernt diesen Zauberspruch in Hogwarts in der sechsten Klasse. Harry verwendet ihn zweimal am gleichen Tag: Zum ersten Mal versucht er in der Höhle, in der Dumbledore vermeintlich einen Horcrux gefunden hat, Wasser für Dumbledore herzuzaubern. Dumbledore musste eine Schale mit Zaubertrank, in der er den Horcrux vermutete, vollständig austrinken. Dieser Trank machte Dumbledore durstig und Harry versuchte, den Kelch mit Wasser zu füllen, was allerdings durch die Magie des Kelchs verhindert wurde.

Als Hagrids Hütte von Todessern angezündet wurde, half Harry dabei, sie zu löschen, indem er den „Aguamenti" Zauber einsetzte.

# ALOHOMORA

Lat.: mora – Hindernis

Dieser Zauberspruch wird dazu verwendet, Hindernisse zu umgehen. Meistens werden damit Türen bzw. Schlösser geöffnet.

„Alohomora" ist der erste Zauberspruch der Romanreihe, der namentlich genannt wird. Als Hermine, Harry, Ron und Neville nachts vor Mr. Filch, dem Hausmeister, fliehen, öffnet Hermine mit ihm eine verschlossene Tür am Ende des verbotenen Korridors, um sie und die drei anderen in Sicherheit zu bringen. Hinter ihr bewacht Fluffy, der dreiköpfige Hund, die Falltür, unter der sich der Stein der Weisen befindet.

# AMNESIA
## (ENGL. OBLIVIATE)

Der Zweck des „Amnesia" Zauberspruchs ist, die Erinnerungen einer Person zu löschen.

Im zweiten Band will Gilderoy Lockhart den Zauberspruch gegen Ron verwenden. Er benutzt dafür allerdings Rons eigenen Zauberstab, der zuvor im Buch kaputt gegangen war. Der Zauber richtet sich deshalb gegen Lockhart selbst, worauf er seine Erinnerungen verliert.

Außerdem verwendet Hermine den Zauberspruch im siebten Band, um zwei Todessern und einer Kellnerin die Erinnerungen zu nehmen. Nachdem Harry, Ron und Hermine von Bill und Fleurs Hochzeit in ein Cafe in der Tottenham Court Road geflohen waren, wurden sie dort von zwei Todessern aufgespürt. Die drei überwältigten die Todesser und Hermine löschte, um sicher zu gehen, ihr Gedächtnis.

# Anapneo

(engl. Apnea – Atemstillstand)

Der „Anapneo" Zauber wird verwendet, wenn eine Person sich beispielsweise an etwas verschluckt hat und deswegen zu ersticken droht.

Im sechsten Band eilt Horace Slughorn mit diesem Zauberspruch Marcus Belby zu Hilfe, der sich zuvor an einem Stück Fasan verschluckt hatte.

# APARECIUM

Lat.: apertus - unverschlossen, zugänglich; parere - erscheinen, sichtbar sein

Dieser Zauberspruch kann unsichtbare Tinte wieder sichtbar machen.

Im zweiten Band verwendet Hermine den Zauber, um herauszufinden, was in Tom Riddles Tagebuch steht. Sie bleibt damit aber leider erfolglos.

# Avada Kedavra ***

Lat.: a - von; vadere - schreiten, gehen, wandeln; a vade - gehe von (Befehlsform); cadaver – Leichnam

*** Dies ist einer der unverzeihlichen Flüche.

Dieser Zauberspruch könnte auch von dem bekannten „Abrakadabra" abgeleitet sein. Abrakadabra könnte vom Arabischen „abreq ad habra" stammen. Dies heißt übersetzt so viel wie „der Donner, der tötet".

Weil er die Prophezeiung fürchtete, dass Harry derjenige sei, der ihn besiegen könne, machte Lord Voldemort sich auf die Suche nach ihm, und fand ihn schließlich, als er ein Jahr alt war. Sein Vater James stellte sich Voldemort in den Weg und wurde daraufhin von ihm getötet. Lily Potter wollte Harry beschützen und flehte bei Voldemort um Gnade. Er forderte sie auf, beiseite zu gehen, und als sie sich weiterhin zwischen ihn und Harry stellte, tötete er auch sie. Durch ihr Opfer bildete sich ein magischer Schild um Harry, und als Voldemort den Todesfluch gegen ihn richtete, prallte er daran ab und traf stattdessen Voldemort selbst. Davon wurde er fast getötet, verlor sämtliche Macht und musste fliehen.

Harry sieht im vierten Band erstmals, nachdem Voldemort seine Eltern getötet hatte, wie ein Lebewesen getötet wird. Im Fach Verteidigung gegen die dunklen Künste, das in diesem Jahr von Alastor Moody (in Wirklichkeit der mit dem Vielsafttrank getarnte Bartemius Crouch Junior) unterrichtet wird. Er demonstriert die Unverzeihlichen Flüche an einer Spinne. Auf den Todesfluch folgt ein grüner Lichtblitz und die Spinne liegt tot auf dem Tisch. Außerdem wird Harry Zeuge am Mord an Cedric Diggory, der ebenfalls Champion im Trimagischen Turnier ist, und der von Peter Pettigrew getötet wird. Erst am Ende des fünften Bandes taucht der Fluch wieder auf. Voldemort versucht wieder, Harry zu töten, aber scheitert auch dieses Mal. Einer der fürchterlichsten Morde der Romanreihe ereignet sich am Ende des sechsten Bandes. Albus Dumbledore, der berühmte Schulleiter von Hogwarts wird von Severus Snape getötet, nachdem mehrere Todesser ihn in die Enge getrieben hatten. Später zeigte sich, dass der Mord von Snape an Dumbledore geplant war, weil Dumbledore nicht wollte, dass Draco Malfoy ihn töten muss. Ende des siebten Bandes erfährt Harry, dass er selbst einer von Voldemorts Horcruxen ist. Voldemort kann also nicht getötet werden, solange Harry lebt. Indem er sich ausliefert, will Harry die anderen, die sonst seinetwegen gestorben wären, beschützen. Dieses Mal scheint es Voldemort tatsächlich zu gelingen, Harry zu töten. Was er nicht weiß, ist, dass er dadurch einen Teil seiner eigenen Seele vernichtet, und Harry nicht vollständig getötet wurde. Er wurde lediglich von Voldemorts Seele befreit und überlebt deswegen.

*Die Flüche Avada Kedavra, Imperio und Crucio sind die Unverzeihlichen Flüche. Ihre Anwendung gegen andere Mitmenschen durch einen Zauberer ist demnach unverzeihlich und wird vom Ministerium für Zauberei durch lebenslange Haft in Askaban bestraft.

# AVIS

Lat.: avis – Vogel

Der „Avis" Zauberspruch sorgt dafür, dass aus der Spitze des Zauberstabs mehrere Vögel fliegen.

In Band vier eicht Mr. Ollivander den Zauberstab von Viktor Kaum mit dem Zauberspruch, woraufhin Vögel aus der Spitze fliegen.

# CAVE INIMICUM

Lat.: etwa: sichere Zuflucht

Mit diesem Schutzzauber kann man zum Beispiel sein Lager vor Eindringlingen schützen.

Im siebten Band wird er von Harry, Ron und Hermine angewandt, um ihren jeweiligen Lagerplatz zu schützen.

# COLLOPORTUS

Lat.: porta - Tür, Tor

Diesen Zauberspruch kann man verwenden, wenn man eine Tür magisch so versiegeln will, dass nur „Alohomora" in der Lage ist, sie wieder zu öffnen.

Im fünften Band fliehen Hermine, Ginny, Neville und Luna im Ministerium vor den Todessern. Auf der Flucht versuchen sie mit diesem Zauberspruch ihre Verfolger abzuhängen.

# CRUCIO ***

Lat.: cruciare - foltern; crucio - ich foltere

*** Dies ist einer der unverzeihlichen Flüche. ***

Wer von diesem Fluch getroffen wird, erleidet unbeschreibliche Qualen, und kann sogar davon wahnsinnig werden.

Auch wenn die Anwendung dieses Fluchs strengstens verboten ist, benutzen Voldemort und die Todesser ihn, um andere Menschen zu foltern und so Informationen oder Geständnisse von ihnen zu erhalten.

Die Auswirkungen den Fluchs werden im vierten Band von Bartemius Crouch Junior (getarnt als Alastor Moody) an einer Spinne demonstriert.

Wegen des Anblicks der gefolterten Spinne bricht Neville fast zusammen.

Der Folterfluch ist nämlich der Grund dafür, dass Neville von seiner Großmutter aufgezogen wurde.

Seine wahren Eltern wurden von Bellatrix Lestrange zusammen mit anderen Todessern, die dafür in Askaban sitzen, so lange mit dem Fluch gefoltert, bis sie wahnsinnig wurden.

Der Grund dafür war, dass die Todesser dachten, die Longbottoms wüssten, wo Lord Voldemort wäre. Durch Folter wollten sie an diese Information gelangen.

Im vierten Band wird Harry selbst von Lord Voldemort gefoltert, und spürt am eigenen Leib, wie der Fluch sich anfühlt.

Nachdem Bellatrix Lestrange Sirius Black im fünften Band getötet hat, versucht Harry selber, den Fluch an ihr anzuwenden, aber er realisiert, dass die Wirkung bei ihm um einiges schwächer ist als bei Bellatrix.

Der Grund dafür wird schon damals offengelegt, aber Harry versteht es erst im siebten Band. Wenn man den Cruciatus Fluch verwendet, muss man es auch wirklich wollen, damit er seine Wirkung vollständig entfaltet.


*Die Flüche Avada Kedavra, Imperio und Crucio sind die Unverzeihlichen Flüche. Ihre Anwendung gegen andere Mitmenschen durch einen Zauberer ist demnach unverzeihlich und wird vom Ministerium für Zauberei durch lebenslange Haft in Askaban bestraft.

# DEFODIO

Lat.: defodio - ich grabe auf/aus

Diesen Zauberspruch benutzt man, um beispielsweise unterirdische Gänge zu erweitern.

Als Harry, Hermine und Ron im siebten Band aus Gringotts fliehen, benutzen sie den „Defodio" Zauber. Sie reiten auf einem Drachen und verwenden den Zauberspruch, um sich den Weg ins Freie zu vereinfachen.

# DELETRIUS

Lat.: delere - zerstören, vernichten

Deletrius ist der Gegenzauber zu „Prior Incantato". Er lässt die heraufbeschworene Schattenform wieder verschwinden.

Nachdem Amos Diggory im vierten Band bewiesen hatte, dass das dunkle Mal mit Harrys Zauberstab heraufbeschworen wurde, verwendet er diesen Gegenzauber, um den Schatten des dunklen Mals wieder verschwinden zu lassen.

# DENSAUGEO

Lat.: dens - Zahn; augere - wachsen; augeo - ich lasse wachsen

Wenn man von diesem Zauberspruch getroffen wird, wachsen die Zähne auf abnormale Größe.

Draco Malfoy wendet den Zauber im vierten Band in einer Auseinandersetzung mit Harry an. Da er von einem „Furnunculus" Zauber aus Harrys Zauberstab abgelenkt war, traf sein Zauberspruch stattdessen Hermine. Ihre Zähne wuchsen daraufhin auf eine so enorme Größe an, dass man sie in den Krankenflügel bringen musste. Dort wurden ihre Zähne so behandelt, dass sie wieder auf ihre normale Größe zurück schrumpften.

# Deprimo

Lat.: deprimo - ich (ver)senke

Hermine sprengt im siebten Band mit diesem Zauber ein Loch in den Fußboden im Wohnzimmer der Lovegoods, nachdem Xenophilius Lovegood die drei an die Todesser verraten hatte. So gelingt es ihnen zu fliehen.

# DESCENDO

Lat.: descendere - herunterkommen; descendo - ich lasse herunter

Im siebten Band benutzt Ron diesen Zauberspruch, um eine Leiter vom Dachboden herunterzulassen, wo er Harry einen verzauberten Ghul zeigen will.

In der Schlacht von Hogwarts wird der Zauber außerdem von Crabbe im Raum der Wünsche verwendet.

# DIFFINDO

Lat.: diffindere - (zer)spalten; diffindo - ich (zer)spalte

Dieser Zauberspruch kann den Gegenstand, auf den man ihn abfeuert, zerreißen oder durchtrennen.

Als Harry im vierten Band von der ersten Aufgabe des Trimagischen Turniers erfahren hat, möchte er Cedric davon berichten. Dafür zerreißt er Cedrics Tasche mit dem Zauber und kann mit ihm reden, während er seine Sachen vom Boden einsammelt.

Außerdem wird der Zauber von Harry auch im sechsten Band eingesetzt. Er tauscht den Deckel seines neuen Bands „Zaubertränke für Fortgeschrittene" gegen den vom Buch des Halbblutprinzen aus. Um die abgerissenen Deckel wieder anzubringen, verwendet er den „Reparo" Zauber.

# DISSENDIUM

Lat.: dissensio - Meinungsverschiedenheit, Zwietracht

Der Zauber ist dazu in der Lage, einen der Geheimgänge nach Hogsmeade zu öffnen. Auf der Karte des Rumtreibers, die Harry im dritten Band von Fred und George erhält, sind alle Geheimgänge eingezeichnet, die nach Hogsmeade führen. Einer von ihnen endet genau im Honigtopf. Der Eingang liegt unter dem Buckel einer Statue einer einäugigen Hexe. Klopft man mit dem Zauberstab auf den Buckel und spricht dabei „Dissendium", öffnet er sich, und man kann in den Geheimgang klettern.

Harry ist es eigentlich verboten, nach Hogsmeade zu gehen, deswegen ist er gezwungen, die Geheimgänge zu nutzen, und tut dies auch des öfteren.

# DURO

Span.: duro - hart

Dieser Zauberspruch ist in der Lage, Gegenstände zu festen Objekten werden zu lassen. Im siebten Band nutzt Hermine ihn auf der Flucht vor einer Gruppe Todessern. Sie verwandelt einen Wandteppich in eine Steinwand, um die Todesser aufzuhalten.

# ENERVATE

Engl.: enervate - entkräften, schwächen
(Bedeutet vermutlich, dass der ursprüngliche Zauber geschwächt werden soll)

Diesen Zauberspruch wendet man an, damit jemand, der mit „Stupor" geschockt wurde, wieder zu sich kommt. Nachdem die Hauselfe Winky im vierten Band geschockt wurde, wird sie von Amos Diggory durch den Zauber wieder aufgeweckt.

Außerdem belebt Dumbledore den geschockten Viktor Krum wieder, den er und Harry am Rand des verbotenen Waldes gefunden haben.

# ENGORGIO

Engl.: engorge - anschwellen

Dieser Zauber dient dazu, beispielsweise Tiere zu vergrößern. Das verzauberte Tier wächst dabei auf eine beträchtliche Größe heran.

Um den Schülern in Verteidigung gegen die dunklen Künste die Unverzeihlichen Flüche besser demonstrieren zu können, vergrößert Bartemius Crouch Junior (durch Vielsaft-Trank als Alastor Moody getarnt) mit dem Zauber eine Spinne. Der Gegenzauber zu „Engorgio" ist „Reducio".

# Episkey

Griech.: episkeyazo - reparieren, wieder in Stand setzen

Dieser Zauber kann gebrochene Knochen sehr schnell heilen. Man zielt mit dem Zauberstab auf die betroffene Stelle und sagt „Episkey" und in Sekundenschnelle ist der Bruch geheilt.

Der Spruch wird in den Büchern nur wenige Male namentlich erwähnt. Tonks heilt im sechsten Band Harrys Nase, nachdem Draco Malfoy sie im Hogwarts-Express gebrochen hatte. Harry lässt die Heilung nur aus Höflichkeit zu.

Er merkt sich den Spruch allerdings und wendet ihn bei einem Quidditch-Training an, als Ron aus Versehen Demelza Robin mit der Faust ins Gesicht geschlagen hatte. Harry heilt daraufhin ihren Mund mit dem Zauber.

Vermutlich wurde der Zauberspruch schon in früheren Bänden des Öfteren von Madame Pomfrey verwendet, um beispielsweise gebrochene Handgelenke zu heilen.

# ERECTO

Lat.: erectus - aufrecht (stehend); erigo - ich richte auf

Im siebten Band benutzt Hermine diesen Zauberspruch, um am ersten Lagerplatz ihr mitgebrachtes Zelt aufzubauen. Der Zauber sorgt dafür, dass sich das Zelt vollständig, mit Spannleinen und Heringen, von alleine aufrichtet.

# EVANESCO

Lat.: evanesco - ich lasse verschwinden

Richtet man den Zauberstab auf einen Gegenstand oder eine Flüssigkeit und sagt „Evanesco", verschwindet dieser/diese augenblicklich.

Bill Weasley benutzt ihn im fünften Band nach einer Versammlung des Ordens des Phönix, bei der ein paar Pergamentrollen aus Versehen liegen gelassen wurden. Er lässt sie daraufhin mit dem Zauber verschwinden.

Häufig wird der Spruch auch von Professor Snape benutzt, um damit Zaubertränke von seinen Schülern zu beseitigen.

# Expecto Patronum

Lat.: expectare - erwarten; expecto - ich erwarte; patronus - Schutzherr
(Satz: Ich erwarte den Schutzherrn.)

Der Patronus Zauber ist die einzige wirklich wirksame Verteidigung gegen einen Angriff von Dementoren. Er zählt zu den schwierigsten Zaubern überhaupt. Wenn man ihn richtig anwendet, erschafft er einen Patronus, eine Gestalt des Glücks und der Hoffnung, die bei jedem Zauberer eine andere Form annimmt. In den Büchern ist der Patronus jedoch immer ein Tier. Was den Zauber für den Zauberer so schwierig macht, ist, dass man, um erfolgreich einen Patronus heraufzubeschwören, an eine sehr glückliche Erinnerung denken muss. Ein Dementor ernährt sich von Glücksgefühlen seiner Opfer, deswegen ist es kompliziert, sich in Anwesenheit eines Dementors auf etwas Glückliches zu konzentrieren.

Als im dritten Band Dementoren auf dem Quidditch-Gelände dafür sorgen, dass Harry ein Spiel verliert, lässt er sich von Professor Lupin die Verteidigung gegen Dementoren beibringen. Dazu beschafft Lupin einen Irrwicht, weil es schlecht möglich ist, den Zauberspruch an einem echten Dementor zu üben. Bereits beim dritten Versuch schafft es Harry, den Dementor (der Irrwicht nimmt bei Harry diese Gestalt an), mit einem silbernen Schatten für kurze Zeit in Schachzug halten. Bei den vorherigen Versuchen war er noch ohnmächtig geworden. Dennoch ist er mit seinem Ergebnis unzufrieden.

Gegen Ende des dritten Buches machen Hermine und Harry eine Zeitreise drei Stunden in die Vergangenheit. Er wird Zeuge, wie sein „Ich" aus dieser Zeit von Dementoren attackiert wird. Mit einem einwandfrei heraufbeschworenen Patronus, der als Hirsch in Erscheinung tritt, gelingt es ihm, Hermines, Sirius Blacks und sein eigenes Leben zu retten.

Außerdem wird der Zauber auch vom Orden des Phönix benutzt, der damit wichtige Nachrichten verschickt.

# EXPELLIARMUS

Lat.: expellere - vertreiben; expello - ich vertreibe; arma - Bewaffnung

Expelliarmus ist der Entwaffnungszauber.

Der Zauberspruch wird erstmals im zweiten Band namentlich erwähnt, als Professor Snape im Duellier-Klub gegen Gilderoy Lockhart antritt. Als er „Expelliarmus" gegen Lockhart richtet, wird diesem nicht nur der Zauberstab aus der Hand gerissen. Stattdessen wird Lockhart komplett von dem Zauber erfasst und mitgerissen, wodurch er vor der ganzen Schule bloßgestellt wird.

Harry und seine Freunde verwenden diesen Zauberspruch in den späteren Teilen immer wieder.

# Expulso

Lat.: expulso - ich treibe heraus, fort

Dieser Zauberspruch löst eine Druckwelle aus, die Objekte wegschleudert.

In Band sieben wird der Zauber von Thorfinn Rowle, einem Todesser angewandt. Er und Dolohow hatten Harry, Ron und Hermine aufgespürt, nachdem diese in ein Café in der Tottenham Court Road geflohen waren. Der Fluch lässt einen Tisch in die Luft fliegen, und Harry, der dahinter stand, wird gegen eine Wand geschleudert, wobei sein Tarnumhang herunterrutscht.

# FERULA

Lat.: ferula - Gerte, Rute, Stock

Wenn man den „Episkey"-Zauber nicht so gut beherrscht, kann man diesen Zauberspruch stattdessen anwenden. Der gebrochene Knochen wird allerdings nur geschient und der Schmerz betäubt, man sollte also trotzdem wenn möglich einen Zauberer aufsuchen, der den Knochen mit „Episkey" vollständig heilen kann.

Im dritten Band benutzt Professor Lupin den Zauber für Rons Bein. Als Sirius Black ihn in Hundegestalt in die Heulende Hütte geschleppt hat, hat er es sich gebrochen.

# FINITE

Lat.: finite - beendet! (Befehlsform im Plural)

Diesen Zauber benutzt man, um leichte Zauber oder Flüche aufzuheben. Richtet man seinen Zauberstab auf die verzauberten oder verfluchten Menschen oder Gegenstände und ruft „Finite", wird der Zauber augenblicklich beendet. Allerdings wird nicht geklärt, ob der Spruch auch gegen Unverzeihliche Flüche o.ä. hilft.

Im fünften Band hebt Remus Lupin mit dem Spruch den Tarantallegra-Fluch auf, der Neville getroffen hatte. Außerdem wendet Harry ihn im siebten Band im Raum der Wünsche an, um damit einen hohen Stapel dort versteckter Gegenstände wieder aufzurichten, der durch einen „Descendo"-Fluch von Crabbe eingestürzt war.

# Finite Incantatem

Lat.: finite incantatem! - Beendet den Zauber! (Befehlsform)

Dieser Zauberspruch ist sehr ähnlich zu „Finite". Ob die beiden Formeln unterschiedlich wirken, wird nicht geklärt.

Genauso wie bei „Finite" richtet man den Zauberstab auf die verzauberten Menschen oder Objekte, ruft „Finite Incantetem" und beendet so leichte Zauber oder Flüche.

Im zweiten Band beendet Professor Snape mit der Formel alle Zauber und Flüche, die im Duellier-Klub ausgesprochen wurden. Als Ron im siebten Teil im Zaubereiministerium den Auftrag hat, den Regen in Yaxleys Büro zu stoppen, gibt Hermine ihm den Rat, „Finite Incantatem" dazu zu benutzen.

# FLAGRATE

Lat.: flagrare - brennen, lodern

Dieser Zauberspruch kann benutzt werden, um Türen zu kennzeichnen. Zielt man mit dem Zauberstab auf eine Tür und sagt „Flagrate", erscheint ein flammendes „X" daran.

Damit sie wissen, welche Türen sie schon ausprobiert haben, und welche nicht, markiert Hermine im fünften Band die Türen im ersten Raum der Mysteriumsabteilung, die sie bereits geöffnet haben, mit dem Zauberspruch.

# Furnunculus

Furunkel - eitrige Hautentzündung

Wenn man mit dem Zauberstab auf eine Person zielt, und „Furnunculus" ruft, bekommt sie dort, wo sie getroffen wurde, große Blasen.

In einer Auseinandersetzung mit Draco Malfoy im vierten Band will Harry Dracos Gesicht verunstalten und feuert einen Furnunculus-Fluch auf ihn ab. Durch einen Fluch von Malfoy abgelenkt trifft er jedoch Goyle. Daraufhin wachsen auf seiner Nase große Blasen.

Auch der Densaugeo-Fluch, den Malfoy abgefeuert hatte, wurde abgelenkt, und traf Hermine.

# GLISSEO

Franz.: glisser - (aus)rutschen, gleiten

Dieser Zauber sorgt dafür, dass Objekte rutschig und glatt werden. Im siebten Band erleichtert Hermine sich selbst, Ron und Harry die Flucht vor den Todessern, indem sie eine Treppe in Hogwarts mit dem Zauberspruch zu einer Rutsche werden lässt.

# Homenum Revelio

Lat.: homo: Mensch; revelare: enthüllen, offenbaren; Lat.: hominem revelo - etwa: ich offenbare die Menschen

Diesen Zauberspruch kann man anwenden, wenn man wissen möchte, ob sich noch andere Menschen im gleichen Gebäude aufhalten. Auf welche Weise die Anwesenheit von anderen Personen enthüllt wird, geht allerdings nicht genau aus den Büchern hervor.

Der Zauber wird beispielsweise in Band sieben von Hermine im Haus der Blacks benutzt, um zu erfahren, ob sie mit Harry und Ron alleine dort ist. Auch ein Todesser namens Selwyn verwendet den Zauberspruch im siebten Band, um zu überprüfen, ob sich in Mr. Lovegoods Haus noch andere Leute aufhalten.

In einem Fanchat erklärte Rowling kurz nachdem der siebte Band erschienen war, dass Harry manchmal auch unter seinem Tarnumhang für Dumbledore sichtbar war, der diesen Zauber benutzte.

# IMPEDIMENTA

Lat.: impedimentum - Hindernis; impedire - aufhalten, zurückhalten, hindern

Wer von diesem Zauber getroffen wird, erlahmt für einige Minuten oder ist nur noch zu sehr langsamen Bewegungen in der Lage.

Während der dritten Aufgabe des Trimagischen Turniers begegnet Harry einem Knallrümpfigen Kröter, gegen den er den Zauber benutzt, um ihn zu lähmen.

# IMPERIO

Lat.: imperare - befehlen; impero - ich befehle

Imperio zählt zu den Unverzeihlichen Flüchen*. Er gibt dem Zauberer, der ihn ausspricht, die Kontrolle über sein Opfer.

Im vierten Jahr unterrichtet Alastor Moody (eigentlich der mit Vielsaft-Trank getarnte Bartemius Crouch Junior) Verteidigung gegen die dunklen Künste. Im Unterricht demonstriert er die Unverzeihlichen Flüche an einer Spinne, also auch den Imperius-Fluch. Er lässt die Spinne verschiedene Dinge tun, z.B. Salti und Räder schlagen. Auch an den Schülern zeigt er die Wirkung des Fluchs. Alle werden durch den Zauber gefügig gemacht und können sich nicht gegen das wehren, was Crouch sie tun lässt. Der einzige, der es schafft, sich zu widersetzen, ist Harry. Ihm gelingt es schließlich sogar, den Fluch vollständig abzuschütteln. Dies hilft ihm später im Buch. Als Voldemort ihn mithilfe des Fluchs zu etwas zwingen will, kann er widerstehen. Bevor Voldemort verschwand, wurde der Zauberspruch sehr häufig von Todessern benutzt, um andere Leute zu kontrollieren. Letzten Endes wird er allerdings nicht nur von Voldemorts Anhängern verwendet. Professor McGonagall setzt ihn am

Ende des siebten Bandes gegen einen Todesser namens Amycus Carrow ein. Auch Harry verwendet den Imperius-Fluch, um sich beim Einbruch in Gringotts einen Kobold und einen Todesser namens Travers gefügig zu machen.

*Die Flüche Avada Kedavra, Imperio und Crucio sind die Unverzeihlichen Flüche. Ihre Anwendung gegen andere Mitmenschen durch einen Zauberer ist demnach unverzeihlich und wird vom Ministerium für Zauberei durch lebenslange Haft in Askaban bestraft.

# IMPERVIUS

Engl.: impervious - wasserdicht, undurchlässig/-dringlich

Richtet man den Zauberstab auf einen Gegenstand, o.ä., und sagt „Impervius", wird dieser wasserabweisend. Dies macht ihn zu einem nützlichen Hilfsmittel in den Büchern.

Im dritten Buch macht Hermine Harrys Brille vor einem Quidditch-Spiel gegen Hufflepuff bei stürmischem Wetter mit starkem Regen mit dem Zauberspruch wasserabweisend. So kann er viel besser sehen seine Aufgabe als Sucher leichter wahrnehmen. Leider kann er den Schnatz nicht fangen, da Dementoren auf dem Feld auftauchen, als Harry ihn erblickt hat, und er ohnmächtig wird.

# INCARCERUS
## (Englisch: Incarcerous)

Ital.: incarcerare - einkerkern, einsperren

Dieser Zauberspruch ist der Fessel-Zauber. Richtet man den Zauberstab auf einen Menschen oder ein Tier, und sagt „Incarcerus", wird das Opfer von starken Seilen gepackt und eingewickelt, die aus dem Nichts erscheinen.

Dolores Umbridge verwendet den Zauber im fünften Buch gegen einen Zentaur. Harry und Hermine gehen mit ihr durch den verbotenen Wald und treffen auf eine Zentaurenherde. Umbridge verliert die Kontrolle über sich und fesselt ein Mitglied der Herde. Sie wird daraufhin von den anderen in den Wald gezerrt.

Der Zauberspruch taucht allerdings auch schon im dritten Band auf: Professor Snape fesselt Remus Lupin damit in der heulenden Hütte. Da er den Spruch nicht laut ausspricht, erfährt man den Wortlaut an dieser Stelle nicht.

# INCENDIO

Lat.: incendium - Feuer, Brand; incendere - in Brand setzen, anzünden; incendo - ich setze in Brand, zünde an

Dieser Zauber dient dazu, Feuer ohne Hilfsmittel zu entzünden. Man zielt mit dem Zauberstab auf etwas brennbares, beispielsweise auf einen Kamin oder einen Holzstapel, sagt „Incendio", und augenblicklich wird ein Feuer entfacht.

Der Zauber taucht erstmals im vierten Buch auf. Mr. Weasley zündet damit ein Feuer im Kamin der Dursleys an, damit er mit seinen Kindern und Harry per Flohpulver zum Fuchsbau reisen kann.

Außerdem wird mit dem Zauber am Ende vom sechsten Buch Hagrids Hütte von den Todessern angezündet.

# LANGLOCK

Span.: lengua - Zunge
Engl.: lock - festsetzen

Dieser Zauberspruch taucht im Lehrbuch für Zaubertränke auf, das dem Halbblutprinzen gehört hat. Er sorgt dafür, dass das Opfer des Fluchs nicht mehr sprechen kann, weil sich die Zunge am Gaumen festklebt.

Harry benutzt ihn im sechsten Band mehrmals gegen Filch und Peeves.

# Legilimens

Lat.: legere - lesen; mens - Verstand, Erinnerung, Vorstellungskraft

Dieser Zauber gewährt einem Zauberer Zugang zu den Gedanken und Erinnerungen seines Opfers. So weiß man über die Gefühle des Gegners Bescheid und, was er denkt.

Weil Voldemort im Verdacht steht, über Legilimentik die Gedanken von Harry Potter zu kontrollieren, soll Professor Snape ihm auf Anweisung von Albus Dumbledore Unterricht in Okklumentik erteilen. Die Okklumentik ist die Kunst, sich einem Legilimentor zu widersetzen und seinen Geist zu verschließen, sodass ein gegnerischer Zauberer nicht eindringen kann. Snape beherrscht sowohl die Legilimentik als auch die Okklumentik, was ihn zum besten Lehrer für Harry macht.

Voldemort gilt als der beste Legilimentor. Die wenigsten können ihn anlügen, ohne dass er es merkt. Nur diejenigen, die die Okklumentik beherrschen, sind dazu in der Lage.

# LEVICORPUS

Lat.: levis - leicht, ohne Gewicht; corpus - Körper

Dies ist ein weiterer Zauberspruch aus dem Lehrbuch für Zaubertränke des Halbblutprinzen. Man muss ihn nicht laut aussprechen, damit er funktioniert. Man braucht nur „Levicorpus" zu denken, und das Opfer hängt kopfüber an den Füßen in der Luft. Solange nicht der Gegenzauber „Liberacorpus" verwendet wird, bleibt es so hängen, egal wie sehr es versucht, auf den Boden zurück zu gelangen.

Nachdem Harry den Zauber im Buch des Halbblutprinzen gefunden hat, probiert er ihn sofort aus. Da er die Wirkung allerdings gar nicht kennt, wird der schlafende Ron aus seinem Bett gerissen und hängt vor ihm in der Luft. Harry kann jedoch im Buch den Gegenzauber finden und lässt Ron wieder herunter.

# LIBERACORPUS

Lat.: libera - frei; corpus - Körper

Dies ist ein weiterer Zauberspruch aus dem Lehrbuch für Zaubertränke des Halbblutprinzen. Er dient als Gegenzauber zu Levicorpus, bewirkt also, dass die kopfüber hängende Person wieder auf den Boden heruntergelassen wird.

Nachdem er im sechsten Band Ron unabsichtlich mit Levicorpus kopfüber an den Füßen aufgehängt hat, kehrt Harry die Wirkung mit diesem Zauberspruch wieder um.

# LOCOMOTOR

Lat.: locus - Ort; motor - Beweger

Wenn es einem Zauberer zu anstrengend ist, etwas zu tragen, muss er nur mit seinem Zauberstab auf den Gegenstand zielen, den er transportieren will, und „Locomotor" sagen, gefolgt vom Namen des Objekts. Daraufhin fängt dieses an zu schweben und man kann es mit dem Zauberstab dirigieren.

Tonks verwendet den Zauber im fünften Band, um Harrys Koffer aus seinem Zimmer im Haus der Dursleys nach unten zu transportieren, als Harry von Mitgliedern des Phönixordens abgeholt wird.

# LOCOMOTOR MORTIS

Lat.: locus - Ort; motor - Beweger; mors - Tod

Diesen Zauber nennt man den Beinklammerfluch. Wie diese Bezeichnung bereits vermuten lässt, sorgt er dafür, dass die Beine des Opfers zusammenklappen. Man kann sich so nur noch hüpfend bewegen oder sich mit den Armen vorwärts ziehen.

Draco Malfoy benutzt den Fluch bereits im ersten Buch gegen Neville Longbottom. Weil Neville den Gegenzauber nicht kennt, muss er bis zum Gryffindorturm hüpfen, wo ihn Hermine erlösen kann.

# LUMOS

Lat.: lumen - Licht

Dieses ist ein sehr alltäglicher Zauberspruch, der sehr häufig zum Einsatz kommt. Wenn man den Zauberstab in der Hand hält, braucht man nur „Lumos" zu sagen, und die Spitze des Zauberstabs beginnt wie eine Lampe zu leuchten.

In den Büchern taucht der Spruch zum ersten Mal im zweiten Band auf, als Harry und Ron in den Verbotenen Wald gehen, um den Spinnen zu folgen.

Wenn man das Licht nicht mehr benötigt, reicht es, einmal „Nox" zu sagen, und die Spitze des Zauberstabs wird wieder dunkel.

# Meteolohex Recanto
## (Eng: Meteolojinx recanto)

Ital.: Meteo - Wetterbericht
Engl.: meteolojinx - etwa: Wetterzauber
Lat.: recanto - ich zaubere weg, widerrufe

Dieser Zauberspruch kann als Gegenzauber für Wetterzauber benutzt werden.

Im siebten Band brechen Harry, Ron und Hermine ins Ministerium ein. Sie sind als Angestellte des Ministeriums getarnt, was Ron allerdings auch zusätzliche Probleme bereitet. Seine Tarnung, ein Zauberer namens Reg Cattermole, ist mit einer Muggelstämmigen verheiratet. Ein Todesser namens Yaxley droht ihm, seine Frau in noch größere Schwierigkeiten zu bringen, sollte es ihm nicht innerhalb einer Stunde gelingen, den Regen in seinem Büro zu beenden. In einem Fahrstuhl trifft Ron seinen Vater, dieser rät ihm zur Lösung des Problems diesen Zauberspruch zu verwenden.

# Mobilcorpus
# (Englisch: Mobilicorpus)

Lat.: mobilis - beweglich; corpus - Körper

Mit dem Zauberspruch Mobilcorpus kann man einen leblosen Menschen wie eine Marionette kontrollieren und mit Bewegungen des Zauberstabs dirigiert werden. Man muss dazu nur mit dem Zauberstab auf die Person zielen und „Mobilcorpus" sagen. Dann richtet sich der Körper von selbst auf und kann dann bewegt werden.

Im dritten Band transportiert Remus Lupin den ohnmächtigen Professor Snape mit diesem Zauberspruch aus der Heulenden Hütte.

# Mobiliarbus

Lat.: mobilis - beweglich; arbor - Baum

Dieser Zauberspruch bewegt einen nicht verwurzelten Baum von einem Ort zum anderen. Richtet man den Zauberspruch auf den zu bewegenden Baum und wendet die Formel „Mobiliarbus" an, hebt sich der Baum ein paar Zentimeter vom Boden und schwebt an den gewünschten Platz.

Als sich Harry kurz vor Weihnachten unerlaubterweise in den Drei Besen in Hogsmeade aufhält und plötzlich einige Lehrer und der Zaubereiminister dort auftauchen, schiebt Hermine mit Hilfe dieses Zauberspruches einen Weihnachtsbaum vor ihren Tisch, damit Harry nicht entdeckt wird.

# Morsmordre

Lat.: mors - Tod; mordeo - brennen
Franz.: mordre - stechen

Mit dem Zauberspruch „Morsmordre" wird von den Todessern das Dunkle Mal heraufbeschworen. Nachdem die Formel ausgesprochen wurde, steigt das Mal aus der Spitze des Zauberstabs und schwebt an den Himmel.

Nach dem Finalspiel der Quidditch-Weltmeisterschaft gibt es auf dem Zeltplatz ein großes Chaos. Harry, Ron und Hermine verlassen daraufhin den Platz und gehen in den Wald dahinter. Sie hören, wie jemand diesen Zauberspruch benutzt, um ein Dunkles Mal über dem Platz zu erzeugen.

Man findet die Hauselfe Winky in der Nähe des Tatorts, weswegen man zunächst sie als Täter verdächtigt. Tatsächlich war es allerdings Bartemius Crouch Junior, der das Mal beschworen hatte.

# MUFFLIATO

Engl.: earmuff - Ohrenschützer; muffler - (Schall)Dämpfer

Harry entdeckt diesen Zauberspruch als Randnotiz im Buch „Zaubertränke für Fortgeschrittene" des Halbblutprinzen. Er erzeugt ein Störgeräusch in den Ohren aller Personen in der Nähe, die nicht nebenbei zuhören sollen.

Harry benutzt ihn einige Male. Unter anderem sorgt er im Krankenflügel dafür, dass niemand mitbekommt, wie er Dobby und Kreacher den Auftrag erteilt, Malfoy zu überwachen. Hermine, die eigentlich jede Anwendung der Zaubersprüche des Halbblutprinzen verabscheut, verwendet den Zauber ab dem siebten Band selber. Sie setzt ihn immer an dem Ort ein, wo sie sich gerade mit Harry und Ron befindet, damit niemand ihre Gespräche belauschen kann.

# NOX

Lat.: nox - Nacht

Dies ist der Gegenzauber zu „Lumos". Wenn der Zauberer das Licht, dass er mit „Lumos" heraufbeschworen hat, nicht mehr braucht, muss er lediglich „Nox" sagen, und das Licht an der Zauberstabspitze verlöscht wieder.

Im dritten Schuljahr benutzen Harry und Hermine diese Formel, als Ron von Sirius in die Heulende Hütte verschleppt wurde und die beiden ihm folgen.

# Obliviate

Lat.: Oblivio - Vergesslichkeit

Obliviate ist der Gedächtniszauber. Mit ihm kann ein Zauberer die Erinnerungen eines anderen Menschen manipulieren oder auslöschen. Eine Nebenwirkung der Anwendung ist, dass das Opfer anfängt zu schielen und für kurze Zeit einen abwesenden Gesichtsausdruck hat.

Um sie die Vorkommnisse der Quidditch-Weltmeisterschaft vergessen zu lassen, benutzt ein Angestellter des Ministeriums diesen Zauber bei Mr. Roberts, einem Muggel. Auch Xenophilius Lovegoods Erinnerungen werden mit diesem Zauber verändert. Im siebten Band erzählt er Harry, Ron und Hermine das Märchen von den drei Brüdern und verrät sie dann an die Todesser, weil er seine entführte Tochter befreien möchte. Hermine manipuliert daraufhin seine Erinnerungen.

In der deutschen Übersetzung taucht statt „Obliviate" häufig die veränderte Version „Amnesia" auf. Der deutsche Übersetzer, Klaus Fritz, könnte damit auf einen Unterschied der Wirkung hinweisen wollen. „Obliviate" löscht das Gedächtnis zum Teil oder wird verwendet, um Erinnerungen zu manipulieren, während

„Amnesia" das Gedächtnis komplett auslöscht. Ich bezweifele allerdings, dass J.K. Rowling wollte, dass diese Unterscheidung gemacht wird, denn dann hätte sie selbst unterschiedliche Formeln benutzen können. Im Original hängt die Stärke der Wirkung nur vom Willen des ausführenden Zauberers ab.

# Obscuro

Lat.: obscuro - ich verdunkle, verhülle, verberge

Der Zauberspruch „Obscuro" lässt eine Augenbinde über dem Gesicht eines Menschen, Tiers oder Wesens erscheinen, die sich magisch nicht entfernen lässt. Der Betroffene kann dann nichts mehr sehen.

Hermine wendet diesen Zauber an, nachdem sie den früheren Schulleiter Phineas Nigellus in sein Porträt aus dem Haus der Blacks gerufen hat und ihn über das Schwert von Godric Gryffindor befragt. Er soll dabei weder sehen können, wer bei Hermine ist, noch, wo sie sich aufhalten.

# Oppugno

Lat.: oppugnare - angreifen, bestürmen; oppugno - ich greife an, bestürme

Dieser Zauberspruch bewirkt, dass Lebewesen eine Person angreifen.

Hermine benutzt ihn im sechsten Band in einem Anfall von Eifersucht gegen Ron. Sie ist durch Rons Beziehung mit Lavender so aufgebracht, dass sie nach dem ersten Quidditch-Spiel von Gryffindor einen Schwarm Vögel auf ihn hetzt.

# Orchideus
## (Englisch: Orchideous)

Engl.: orchid - Orchidee

Der Zauberspruch „Orchideus" lässt aus der Spitze des Zauberstabs einen Blumenstrauß hervorbrechen.

Im vierten Band eicht Mr. Ollivander die Zauberstäbe der Champions des Trimagischen Turniers. Bei Fleur Delacours Zauberstab benutzt er diese Formel, um einen Blumenstrauß für sie herbeizuzaubern.

# Peskiwichteli Pesternomi
## (Eng: Peskipiksi pesternomi)

Engl.: pesky - ärgerlich, nervtötend; to pester - belästigen, plagen

Der Zauber könnte aus einem Satz hergeleitet sein, wie „Pesky pixie, pester no me", frei übersetzt etwa „Verfluchte Wichtel, gebt endlich Ruhe!".

Die Formel soll angeblich dazu benutzt werden, um Wichtel zu bändigen. Gilderoy Lockhart probiert ihn im zweiten Schuljahr bei einer Menge randalierender Wichtel aus, erzielt aber nicht die geringste Wirkung. Es wird allerdings nicht geklärt, ob der Grund dafür die Unfähigkeit Lockharts oder der falsche Zauberspruch ist.

# Petrificus Totalus

Lat.: petra - Stein; totalis - komplett, gänzlich
Engl.: petrify - versteinern

Dieser Fluch belegt das Opfer mit einer Ganzkörperklammer und ist damit eine Steigerung des Beinklammerfluchs. Der Zauberspruch bewirkt, dass der ganze Körper des Opfers „versteinert" und man nur noch die Augen bewegen kann, bis man durch den Gegenzauber erlöst wird.

Hermine legt im ersten Schuljahr Neville Longbottom mit diesem Fluch lahm, als er verhindern will, dass sie mit Harry und Ron nachts den Gryffindorturm verlässt. Zu diesem Zeitpunkt wusste Neville nicht, dass die drei den Stein der Weisen finden wollten und dachte, er müsste sie aufhalten.

Harry und seine Freunde verwenden diesen Zauber in den späteren Bänden sehr häufig in ihren Kämpfen gegen die Todesser Voldemorts.

# PIERTOTUM LOCOMOTOR

Franz.: pierre - Stein
Lat.: totus - ganz, völlig; locus - Ort; motor - Beweger

Professor McGonagall erweckt mit dieser Zauberformel im siebten Band vor der Schlacht von Hogwarts die Statuen und Rüstungen, die überall im Schloss stehen, zum Leben und erteilt ihnen den Befehl, die Schule gegen Lord Voldemort und seine Armee zu verteidigen.

# PORTUS

**Lat.: porta - Tor, Eingang; portus - Hafen, Zufluchtsort**

Um schnell von einem Ort zum anderen zu reisen, können Zauberer Portschlüssel verwenden. Ein Gegenstand wird zu einem Portschlüssel, wenn man seinen Zauberstab auf ihn richtet, und „Portus" sagt. Dabei erscheint ein kurzes blauen Leuchten und man kann nun mit dem Objekt reisen.

Nach dem Kampf im Ministerium erschafft Dumbledore aus dem Kopf einer Zaubererstatue einen Portschlüssel, damit Harry zurück nach Hogwarts reisen kann.

# Prior Incantado

Lat.: prior - der Vorherige; incantare - einen Zauber beschwören

Bei einem Zauberstab kann der zuletzt verwendete Zauber mit der Formel „Prior Incantado" abgerufen werden. Dazu muss man die Spitze des zu überprüfenden Zauberstabs mit seinem eigenen berühren und den Spruch sagen. So beschwört man eine Schattenform des letzten Zaubers hervor.

Mit „Deletrius" kann man diese Schattenform wieder verschwinden lassen.

Amos Diggory weist im vierten Band mit „Prior Incantado" nach, dass der gefundene Zauberstab tatsächlich dazu benutzt wurde, um ein Dunkles Mal über dem Zeltplatz bei der Quidditch-Weltmeisterschaft heraufzubeschwören.

# PROTEGO

Lat.: protego - ich beschütze

Dieser Zauberspruch erschafft einen unsichtbaren Schild gegen leichte bis mittelschwere Zauber oder Flüche. Schützt sich ein Zauberer mit „Protego" und wird von einem Fluch getroffen, prallt dieser am Schild ab und auf den Gegner zurück. Dieser bekommt dann eine geschwächte Version des Fluchs ab.

Harry beherrscht diesen Zauber seit den Vorbereitungen auf die dritte Aufgabe des Trimagischen Turniers im vierten Schuljahr. Im fünften Schuljahr unterrichtet er dann die Mitglieder der DA (Dumbledores Armee) in der Anwendung des Schutzzaubers.

Der Wortlaut des Zaubers erscheint aber erst während Harrys Unterricht in Okklumentik bei Professor Snape im fünften Band. Harry schafft es, sich Snapes Legilimentik zu widersetzen, indem er „Protego" ruft. Daraufhin kehrt sich Snapes „Legilimens" um, und Harry hat Zugriff auf seine Erinnerungen.

# PROTEGO HORRIBILIS

Lat.: etwa: Ich beschützte vor dem Schrecklichen.

„Protego Horribilis" ist eine Erweiterung des Schutzzaubers „Protego", der besonders gegen schreckliche, wahrscheinlich schwarz-magische Bedrohungen gedacht ist. Professor Flitwick benutzt ihn im siebten Band, um Hogwarts vor den Angriffen von Voldemort und seiner Armee zu schützen.

# Protego Totalum

Lat.: protego - ich beschütze; totalis - gänzlich, völlig

Dies ist ein starker anhaltender Schutzzauber und damit eine stärkere Form von „Protego". Hermine, Harry und Ron benutzen ihn im siebten Band, um ihr Zelt vor Eindringlingen zu schützen.

# QUIETUS

Engl.: quiet - ruhig

„Quietus" ist der Gegenzauber zu „Sonorus". Er lässt die verstärkte Stimme wieder zu normaler Lautstärke zurückkehren.

Im vierten Band hatte Ludo Bagman seine Stimme beim Finale der Quidditch-Weltmeisterschaft zunächst mit „Sonorus" magisch verstärkt und lässt sie dann mit dieser Formel wieder leiser klingen.

# Ratzeputz
## (Englisch: Scourgify)

Dt.: Putz - putzen
Engl.: scour - putzen, reinigen

Der „Ratzeputz"-Zauber eignet sich für Zauberer, denen Putzen zu lästig ist. Er sorgt dafür, dass jeglicher Schmutz und sämtlicher Staub verschwindet.

Die Formel wird zum ersten Mal von Tonks im fünften Band verwendet, die damit Hedwigs Käfig ausmisten will. Damit hat sie allerdings nur mäßigen Erfolg.

Ebenfalls im fünften Band wird gezeigt, wozu der Zauber tatsächlich im Stande ist. Nevilles neue Pflanze, Mimbulus Mimbeltonia hatte im Hogwarts Express Stinksaft in einem ganzen Abteil versprüht, woraufhin Ginny diesen Zauber anwendet, um das Abteil zu reinigen.

# REDUCIO

Lat.: reduco - ich ziehe zurück

Der Zauberspruch „Reducio" bewirkt, dass der getroffene Gegenstand oder das verzauberte Tier auf eine geringere Größe schrumpft.

Der falsche Alastor Moody (in Wirklichkeit Bartemius Crouch Junior) vergrößert im vierten Schuljahr mit „Engorgio" die Spinne, an der er im Fach Verteidigung gegen die dunklen Künste den Cruciatus Fluch demonstriert. Danach benutzt er diesen Zauber, um sie wieder auf die richtige Größe schrumpfen zu lassen.

# REDUCTIO
## (Englisch: Reducto)

Engl.: to reduce - verkleinern, reduzieren, abbauen; reduction - Verkleinerung, Reduzierung

Dieser Zauberspruch dient dazu, Hindernisse zu beseitigen. In Objekt, das von einem „Reductio" getroffen wird, zerfällt augenblicklich zu Staub oder wird anders aufgelöst.

Harry lernt den Zauberspruch bei seinen Vorbereitungen auf die dritte Aufgabe des Trimagischen Turniers im vierten Band. Er versucht mit dem Fluch eine Hecke im Irrgarten aus dem Weg zu räumen, kann allerdings nur ein Loch hineinbrennen.

Im fünften Schuljahr unterrichtet er die DA (Dumbledores Armee) in der Anwendung des Zaubers.

# Reducto

Engl.: to reduce - verkleinern, reduzieren, abbauen; reduction - Verkleinerung, Reduzierung

Im sechsten Schuljahr versucht ein Mitglied des Ordens des Phoenix mit diesem Zauberspruch eine Barriere zu zerstören, die die Todesser am Fuß des Astronomieturms erschaffen hatten, aber es gelingt ihm nicht.

Die Wirkung ist die gleiche wie von „Reductio", da die englische Version dieses Zauberspruchs, „Reducto", im Deutschen in den anderen Fällen als „Reductio" übersetzt wurde.

# Relaschio
## (Englisch: Relashio)

Ital.: rilascio - Freilassung, Befreiung

Mit dem Zauberspruch Relaschio wird jemand oder etwas auf magische Weise gezwungen loszulassen. So kann sich ein Zauberer von etwas befreien, das ihn umklammert. An Gewässern ist dieser Zauber oftmals sehr praktisch. Unter Wasser befinden sich oft sogenannte Grindelohs. Sie klammern sich an ihre Beute und versuchen sie hinunterzuziehen. Mit „Relaschio" kann sich ein Zauberer von den Wasserdämonen befreien.

Harry und die anderen Schüler erfahren vermutlich im dritten Schuljahr von diesem Zauber. Im Fach Verteidigung gegen die dunklen Künste bringt Professor Lupin einen Grindeloh mit und zeigt wahrscheinlich auch die Formel um ihn abzuwehren. Der Wortlaut des Zaubers wird allerdings erst im vierten Band deutlich, als Harry in der zweiten Aufgabe des Trimagischen Turniers von einem Grindeloh angegriffen wird und diesen Zauberspruch benutzt, um ihn loszuwerden.

# Rennervate

Lat.: re - wieder; nervosus - kraftvoll

Die genaue Wirkung dieses Zauberspruchs bleibt dem Leser vorenthalten. Harry benutzt ihn im sechsten Band, um Dumbledore wiederzubeleben, der ohnmächtig erscheint. Allerdings wird nicht geklärt, ob Dumbledore tatsächlich durch den Zauber wieder zu Bewusstsein kommt, oder ob das auch ohne Harrys Zutun passiert wäre.

Der Zauberspruch könnte von „Enervate" abstammen, welcher geschockte Personen wieder aufwecken kann, dies bleibt allerdings unklar.

# Reparo

Lat.: reparare - wieder herstellen, erneuern; reparo - ich stelle wieder her/erneuere

Zauberer müssen sich um zerbrochene oder kaputte Gegenstände keine Gedanken machen. Mit diesem Zauberspruch, ist es ganz einfach, Dinge wieder zu reparieren. Man zeigt mit dem Zauberstab auf das kaputte Objekt und muss lediglich „Reparo" sagen, und augenblicklich ist alles wieder wie neu.

Hermine repariert im vierten Schuljahr ihre Abteiltür im Hogwarts Express mit dem Zauber, nachdem Ron diese so fest zugeschlagen hatte, dass die Scheibe kaputt ging.

# Repello Muggeltum
## (Englisch: Repello Muggletum)

Lat.: repellare - vertreiben, fernhalten; repello - ich verteibe, halte fern
Muggeltum - alle Muggel

Dies ist der Muggelabwehrzauber. Harry, Ron und Hermine benutzen im siebten Band unter anderem diesen Zauber als Schutz für ihren aktuellen Lagerplatz.

# RICTUSEMPRA

Lat.: rictus - offener Mund; semper - immer

Dieser Zauberspruch bewirkt einen Kitzelzauber. Zielt man mit seinem Zauberstab auf eine andere Person und ruft „Rictusempra", kann das Opfer nicht mehr aufhören zu lachen.

Schon im zweiten Schuljahr wendet Harry diesen Zauberspruch im Rahmen des Duellier-Klubs gegen Draco Malfoy an. Dieser sinkt von einem Lachanfall geschüttelt auf die Knie.

# RIDDIKULUS

Engl.: ridiculous - lächerlich

Dies ist ein Abwehrzauber gegen Irrwichte. Irrwichte sind magische Geschöpfe, die für jeden Menschen eine andere Form haben, nämlich das, was diese Person am meisten fürchtet. Das einzige, was gegen einen Irrwicht hilfreich ist, ist Gelächter. Man muss also einen Weg finden, das, wovor man von allen Dingen am meisten Angst hat, lächerlich wirken zu lassen. Stellt man sich diese lächerliche Gestalt vor, und ruft „Riddikulus", wird der Irrwicht gezwungen, sich in genau diese Erscheinung zu verwandeln. Wenn daraufhin Gelächter eintritt, anstatt der Angst, die ein Irrwicht sonst hervorruft, schockt das den Irrwicht. Bei vielen Wiederholungen wird er schließlich so verwirrt, dass er verschwindet.

Im dritten Schuljahr wird Verteidigung gegen die dunklen Künste von Remus Lupin unterrichtet. Im Unterricht bringt er Harry und den anderen diesen Zauber bei. Bei Harry nimmt der Irrwicht die Gestalt eines Dementors an.

# SALVIO HEXIA

Ital.: in salvo - in Sicherheit
Lat.: salvus,-a,-um - wohlbehalten, unverletzt
Engl.: hex - Zauber

Dieser Schutzzauber schirmt einen Ort gegen Verhexungen und leichte Flüche von außerhalb. Hermine, Ron und Harry benutzen ihn im siebten Band, um einen magischen Schild um ihr Lager zu errichten.

# Sectumsempra

Lat.: sectum - geschnitten; semper - immer

Harry findet diesen Fluch mit der Bemerkung „Gegen Feinde" in seinem Exemplar des Buchs „Zaubertränke für Fortgeschrittene", das dem Halbblutprinzen gehört hat. Näheres zur genauen Wirkung wird dort aber nicht erläutert. Später offenbart sich, dass der Fluch dem Opfer tiefe Schnittwunden zufügt.

Im sechsten Schuljahr kommt es auf dem Jungenklo zu einem Kampf zwischen Harry und Draco Malfoy. Ohne die Wirkung zu kennen, setzt Harry diesen Fluch gegen seinen Gegner ein. Daraufhin erscheinen tiefe Schnittwunden auf Malfoys Gesicht und Brust. Professor Snape erreicht glücklicherweise rechtzeitig den Ort des Geschehens und kann Malfoys Verletzungen verkleinern und ihn in den Krankenflügel bringen.

# SERPENSORTIA

Lat.: serpens - Schlange; ortus - Entstehung, Ursprung
Franz.: sortir - herauskommen

Der Zauberspruch „Serpensortia" bewirkt, dass aus der Spitze des Zauberstabs eine lebendige Schlange herausschießt.

Im zweiten Schuljahr trifft Harry im Duellier-Klub auf Draco Malfoy, welcher diesen Zauberspruch gegen Harry anwendet. Daraufhin spricht Harry mit der heraufbeschworenen Schlange Parsel, ohne sich selbst darüber bewusst zu sein.

# SILENCIO

Ital.: silencio - Schweigen (Engl.: silence - Ruhe, Stille)

Zauberer benutzen diese Formel, um andere Personen oder Geschöpfe verstummen zu lassen. Sie zielen mit ihrem Zauberstab auf das Wesen und sagen „Silencio". Schon ist das Opfer nicht mehr in der Lage, einen Ton von sich zu geben.

In Hogwarts wird dieser Zauberspruch im fünften Schuljahr unterrichtet. Man übt ihn an Raben und Ochsenfröschen.

Hermine benutzt ihn direkt im gleichen Jahr in der Mysteriumsabteilung gegen einen Todesser. Sie verhindert damit, dass er ihren Aufenthaltsort verraten kann.

# Sonorus

Lat.: sonorus - tönend; sonor - Ton

Hält man die Spitze des Zauberstabs an seine Kehle und sagt „Sonorus", wird die eigene Stimme augenblicklich wie durch ein Megafon magisch verstärkt.

Bei der Quidditch-Weltmeisterschaft im vierten Band benutzt Ludo Bagman diesen Zauber, damit alle Zuschauer ihn verstehen können. Anders als Lee Jordan hat er nämlich kein Megafon zur Verfügung. Wenn man wieder in normaler Lautstärke sprechen will, genügt der Gegenzauber „Quietus".

# Specialis Revelio

Lat.: specialis - besonders; specialitas - Besonderheit; revelare - enthüllen, offenbaren
Lat.: specialitatem revelo - etwa: ich enthülle die Besonderheit/das Geheimnis

Der Zauber „Specialis Revelio" bringt ein verzaubertes Objekt dazu, seine magischen Kräfte offenzulegen. Beispielsweise kann man damit verborgenen Text in einem Buch oder auf Pergament zum Vorschein bringen.

Professor Snape benutzt ihn vermutlich in abgewandelter Form im dritten Schuljahr, als er mit „Enthülle dein Geheimnis" versucht, die Karte des Rumtreibers dazu zu zwingen, ihren Inhalt zu zeigen. Es passiert allerdings nichts.

Außerdem wendet Hermine ihn im sechsten Jahr auf das Exemplar von „Zaubertränke für Fortgeschrittene", das dem Halbblutprinzen gehört hat, an. Sie will damit eventuell verdächtige Sachen finden, aber auch sie erzielt kein Ergebnis.

# STUPOR
## (Englisch: Stupefy)

Lat.: Stupor - Starrheit, Gefühllosigkeit
Engl.: to stupefy - betäuben

Der Schockzauber „Stupor" macht die Person oder das Geschöpf, was davon getroffen wird, bewusstlos und schleudert es zu Boden.

Nach der Quidditch-Weltmeisterschaft im vierten Band wird die Hauselfe Winky von einem Schockzauber getroffen. Mitarbeiter des Zaubereiministeriums hielten sie irrtümlicherweise für das Dunkle Mal verantwortlich und setzten sie so außer Gefecht.

Der Schockzauber ist in den Folgebänden eines der am häufigsten eingesetzten Mittel in Kämpfen gegen Voldemorts Todesser.

Um eine Person oder ein Wesen wiederzubeleben, das mit diesem Zauber geschockt wurde, muss man den Gegenzauber „Enervate" anwenden.

# Tarantallegra

Engl.: tarantula - Tarantel

Ital.: Allegro - fröhlich, ausgelassen
Tarantella - süditalienischer Volkstanz, dessen Entstehung mit dem Stich der Tarantel in Verbindung gebracht wird

Die Wirkung dieses Fluchs ähnelt dem eines Tarantelbisses. Das Opfer wird von unkontrollierbaren Zuckungen geschüttelt. Bei diesem Fluch kommt es zu ähnlichen Symptomen. Man kann das betroffene Körperteil nicht mehr steuern.

Im zweiten Schuljahr benutzt Draco Malfoy den Tarantallegra Fluch im Duellier-Klub gegen Harry. Seine Beine fangen daraufhin an, in unkontrollierten Schritten umherzutanzen, bis man ihn mit dem Gegenzauber „Finite Incantatem" befreit.

Auch Neville wird Opfer dieses Fluchs, allerdings erst im fünften Band in der Mysteriumsabteilung. Ein Todesser trifft ihn mit seinem Zauberspruch, woraufhin Neville unbeabsichtigt die Prophezeiung über Harry und Voldemort zerstört.

# TERGEO

Lat.: tergere - reinigen; tergeo - ich reinige

Dies ist ein weiterer Reinigungszauber. Um Schmutz zu entfernen, zielt man mit dem Zauberstab auf die zu reinigende Stelle, sagt „Tergeo" und alle Verunreinigungen verschwinden.

Hermine reinigt mit dem Zauberspruch zu Beginn des sechsten Bandes Harrys Gesicht vom Blut, nachdem Draco Malfoy ihm die Nase gebrochen hatte.

# WADDIWASI

Engl.: wad - Pfropfen, Knäuel

Professor Lupin wendet diesen Zauberspruch an, um einen Streich von Peeves spektakulär zu beenden. Das Kaugummi, das Peeves in ein Schlüsselloch stopfte, schießt wieder heraus und dem Poltergeist ins Nasenloch.

# Wingardium Leviosa

Engl.: wing - Flügel
Lat.: arduum - hochragend, steile Höhe; levis - leicht, ohne Gewicht

Als einen der ersten Zauber lernt man in Hogwarts „Wingardium Leviosa", eine Formel, mit der man Dinge zum Schweben bringen kann. Das ist allerdings bei weitem nicht so leicht, wie es klingt. Man muss nicht nur den Zauberspruch richtig aussprechen und dabei den Gegenstand anvisieren, sondern auch mit dem Zauberstab „Wutschen und schnipsen". Wenn man es richtig macht, fängt der Gegenstand an, in der Luft zu schweben.

Hermine schafft es im ersten Schuljahr als Einzige auf Anhieb im Unterricht. Ron gelingt der Zauber allerdings auch am gleichen Tag, als Hermine von einem Troll attackiert wird. Ron hebt mit dem Zauber die Keule des Trolls in die Luft. Als die Wirkung nachlässt, fällt sie dem Troll auf den Kopf und schlägt ihn bewusstlos.

# Quellennachweis

Die Zaubersprüche als Solche entstammen den Harry Potter Bänden 1 – 7 der Autorin Joanne K. Rowling .

Band 1, Harry Potter und der Stein der Weisen, 1997

Band 2, Harry Potter und die Kammer des Schreckens, 1998

Band 3, Harry Potter und der Gefangene von Askaban, 1999

Band 4, Harry Potter und der Feuerkelch, 2000

Band 5, Harry Potter und der Orden des Phönix, 2003

Band 6, Harry Potter und der Halbblutprint, 2005

Band 7, Harry Potter und die Heiligtümer des Todes, 2007

Die Ausarbeitungen der Zaubersprüche-Erklärungen erfolgt mittels unterschiedlicher Lexika für Englisch, Latein und andere Fremdsprachen.

Das Buchcover wurde von Daniel Boger erstellt und enthält grafische Bildelemente von freepik.com

Zauberhut: www.freepik.com/free-vector/magic-hat_793796.htm